Ser justos

¡Así somos!

Un libro sobre la justicia

por Mary Small   ilustrado por Stacey Previn   Traducción: Patricia Abello

Agradecemos a nuestras asesoras por su pericia, investigación y asesoramiento:

Bambi L. Wagner, Directora de Educación
Institute for Character Development, Des Moines, Iowa
Miembro del Comité Académico Nacional/Capacitadora
Josephson Institute of Ethics - CHARACTER COUNTS!sm
Los Angeles, California

Susan Kesselring, M.A., Alfabetizadora
Rosemount-Apple Valley-Eagan (Minnesota) School District

PICTURE WINDOW BOOKS
Minneapolis, Minnesota

Dirección editorial: Carol Jones
Dirección ejecutiva: Catherine Neitge
Dirección creativa: Keith Griffin
Redacción: Jacqueline A. Wolfe
Asesoría narrativa: Terry Flaherty
Diseño: Joe Anderson
Composición: Picture Window Books
Las ilustraciones de este libro se crearon con acrílico.
Traducción y composición: Spanish Educational Publishing, Ltd.
Coordinación de la edición en español: Jennifer Gillis/Haw River Editorial

Picture Window Books
5115 Excelsior Boulevard
Suite 232
Minneapolis, MN 55416
877-845-8392
www.picturewindowbooks.com

Impreso en los Estados Unidos de América.

 Todos los libros de Picture Windows
se elaboran con papel que contiene por
lo menos 10% de residuo post-consumidor.

Library of Congress Cataloging-in-Publication Data
Small, Mary.
[Being fair. Spanish]
Ser justos : un libro sobre la justicia / por Mary Small ;
ilustrado por Stacey Previn ; traducción, Patricia Abello.
p. cm. – (Así somos)
Includes index.
ISBN-13: 978-1-4048-3845-1 (library binding)
ISBN-10: 1-4048-3845-7 (library binding)
1. Fairness—Juvenile literature. I. Previn, Stacey. II. Title.
BJ1533.F2S6218 2007
179'.9–dc22   2007017450

Ser justos no significa hacer las cosas por igual ni tratar a todos del mismo modo. Los adultos hacen cosas y van a sitios que son sólo para grandes. A veces los padres tratan distinto a un niño grande y a un niño pequeño.

Ser justos es tratar a los demás como quieres que te traten a ti. Ésta es la regla de oro. Podemos ser justos hasta con los desconocidos y con las personas que acabamos de conocer.

Hay muchos modos de ser justos.

Los niños hacen fila para tomar agua de la fuente.

Así muestran que son justos.

Shelly le da una galletita a cada perro.

Así muestra que es justa.

Julia sigue las reglas del juego aunque
es la primera vez que su papá juega.

Así muestra que es justa.

Los niños dejan que John apague las velas de su pastel de cumpleaños y que pida un deseo.

Así muestran que son justos.

Erica le da su puesto a una señora mayor para que no vaya de pie.

Así muestra que es justa.

Nico pone sus cosas en su lado del asiento para no incomodar a Paco.

Así muestra que es justo.

Rosa, Rita y Rachel se turnan para saltar a la cuerda.

Así muestran que son justas.

Jairo ayuda a su papá a recoger las hojas antes de ir a jugar con sus amigos.

Así muestra que es justo.

Julia dice que rompió el bote de galletas
para que no culpen a otra persona.

Así muestra que es justa.

Al jugar, los niños tratan de que todos participen.

Así muestran que son justos.

23

Aprende más

En la biblioteca

Amos, Janine. *Esperar nuestro turno*. Milwaukee: Gareth Stevens, 2002.

Carlson, Nancy. *No es mi culpa*. Minneapolis: Ediciones Lerner, 2007.

Nelson, Robin. *Ser justo*. Minneapolis: Ediciones Lerner, 2006.

En la red

FactHound ofrece un medio divertido y confiable de buscar portales de la red relacionados con este libro. Nuestros expertos investigan todos los portales que listamos en FactHound.

1. Visite www.facthound.com
2. Escriba código: 140481051X
3. Oprima el botón FETCH IT.

FactHound, su buscador de confianza, le dará una lista de los mejores portales!

Índice

Busca todos los libros de la serie ¡Así somos!:

Ser buenos ciudadanos: Un libro sobre el civismo

Ser confiables: Un libro sobre la confianza

Ser considerados: Un libro sobre la consideración

Ser justos: Un libro sobre la justicia

Ser respetuosos: Un libro sobre el respeto

Ser responsables: Un libro sobre la responsabilidad